Bibliografische Information der Deutschen Nationalbibliothek:

Die Deutsche Bibliothek verzeichnet diese Publikation in der Deutschen National-bibliografie; detaillierte bibliografische Daten sind im Internet über http://dnb.d-nb.de/ abrufbar.

Impressum:

Copyright © 2014 GRIN Verlag, Open Publishing GmbH
Druck und Bindung: Books on Demand GmbH, Norderstedt Germany
ISBN: 9783668308947

Dieses Buch bei GRIN:

http://www.grin.com/de/e-book/341262/management-des-zinsaenderungsrisikos

Milyon Hagos

Management des Zinsänderungsrisikos

GRIN Verlag

GRIN - Your knowledge has value

Der GRIN Verlag publiziert seit 1998 wissenschaftliche Arbeiten von Studenten, Hochschullehrern und anderen Akademikern als eBook und gedrucktes Buch. Die Verlagswebsite www.grin.com ist die ideale Plattform zur Veröffentlichung von Hausarbeiten, Abschlussarbeiten, wissenschaftlichen Aufsätzen, Dissertationen und Fachbüchern.

Besuchen Sie uns im Internet:

http://www.grin.com/

http://www.facebook.com/grincom

http://www.twitter.com/grin_com

Seminararbeit im Modul „Corporate Finance"

Titel der Seminararbeit:

„Management des Zinsänderungsrisikos"

Verfasser der Arbeit: Milyon Hagos

Studiengang: Internationales Finanzmanagement (B. Sc.)

Semester: 5

Inhaltsverzeichnis

Anlage: Interview

Literatur- und Quellenverzeichnis

I. Abbildungsverzeichnis

II. Formelverzeichnis

III. Abkürzungsverzeichnis

BW	Barwert
FRA	Forward Rate Agreement
OTC	Over the Counter
MD	Modified Duration
VaR	Value at Risk
Vola	Volatilität
EURIBOR	Euro Interbank Offered Rate
LIBOR	London Interbank Offered Rate
r	Marktrendite
Zt	Zahlung zum Zeitpunkt t
i	Diskontierunszeitpunkt
n	Laufzeit in Jahren
z.B.	zum Beispiel
vgl.	vergleiche
bzw.	beziehungsweise

1. Einführung

„These days, the business of banking is risk management."

Dennis Westherstone, retired J.P. Morgan chairman

Keine Rendite ohne Risiko?

Heutzutage ist ein Unternehmen zahlreichen Risiken ausgesetzt. Wer also eine hohe Rendite anstrebt, sollte auch in der Lage sein, ein hohes Risiko einzugehen. Ein Unternehmen muss daher in der Lage sein, die von ihm bereits eingegangenen und noch einzugehenden Risiken umgehend zu identifizieren, zu analysieren und zu überwachen. Kurz gesagt sollten Renditeüberlegungen aus Sicht eines Unternehmens oder Anlegers nie isoliert betrachtet werden, sondern immer im Zusammenhang mit dem Risiko und deren Auswirkungen. Folgende Risiken können im Unternehmen auftreten: Ausfallrisiken, Inflationsrisiken, Managementrisiken etc. Anhand des Risikomanagements versuchen Unternehmen, Risiken zu beseitigen bzw. zu streuen, damit sie im Großen und Ganzen der Verlustzone aus dem Weg gehen. Zusätzlich ist der Hauptfokus auf den Unternehmenserfolg gerichtet, um einen wirtschaftlichen Vorsprung gegenüber anderen Marktteilnehmern auszubauen.

Eine der Hauptkomponenten des Risikomanagements in einem Unternehmen ist der Umgang mit dem Zins, kurz Zinsmanagement. Durch ein aktives Zinsmanagement soll der Zinsaufwand planbar gemacht bzw. reduziert werden und unabhängig von der Beschaffung der Liquidität erfolgen. Dazu gehört, das Zinsänderungsrisiko bei allen Entscheidungen im Blick zu haben und stets zu analysieren, welche Chancen und Risiken damit verbunden sind. Deshalb sind Maßnahmen zur Nutzung der Chancen zu ergreifen und gleichzeitig die Risikobegrenzung anzustreben, anhand von Finanzinstrumenten wie beispielsweise Derivate, welche in der Lage sind, finanzielle Risiken zu mindern bzw. flexibel eingesetzt werden können.[1] Zinsänderungen wirken sich in der Regel nicht nur auf die Passivseite der Bilanz eines Unternehmens us, sondern auch auf die Aktivseite. Die bestimmten Bilanzpositionen, die nämlich von der angesprochen Zinsänderungen betroffen sein könnten, werden unter Punkt **5.2** explizit erläutert. In der folgenden Seminararbeit wird das Zinsänderungsrisiko in einzelne Schritte unterteilt und anhand von Beispielen akkurat veranschaulicht. Zu Beginn wird der Begriff des Risikos näher erläutert, mit Hilfe von Abbildungen und bestimmten Risikostrategien, welche sehr wirksam und nachhaltig für ein aktives Risikomanagement sein können. Daraufhin folgt die Vertiefung zum Thema Zins, Zinsstrukturkurven und des Weiteren die Definition des Zinsänderungsrisikos. Anschließend werden Finanzinstrumente vorgestellt, mit welchen sich ein Unternehmen absichern kann und dadurch weiterhin als Unternehmen profitabel dastehen kann. Hier wird differenziert zwischen klassischen und modernen Finanzinstrumenten, welche eine große Rolle bei der Bekämpfung von Zinsänderungsrisiken repräsentieren. Zu erwähnen sind hier folgende innovative Finanzinstrumente: Zinsswaps, Optionen, Zertifikate, Futures, Caps, Floors, Collars, Forward Rate Agreement (FRAs) etc. Mein Hauptaugenmerk wird auf die innovativen Finanzinstrumente gerichtet, da diese heutzutage an enormer Bedeutung gewonnen haben; zurückzuführen ist dies auf ihre Fähigkeiten, Risiken zu diversifizieren und das Chance-Risiko-Verhältnis in Balance zu halten.

---

[1] vgl. Eller, R. (2008), Professionelles Schuldenmanagement, S. 6 f.

2. Grundlagen

2.1 Der Risikobegriff

Das Risiko wird heutzutage von vielen Seiten differenziert betrachtet und definiert.
Des Öfteren wird der Risikobegriff mit anderen Begriffen wie der Chance bzw. der Renditechance in Verbindung gebracht.
Betrachtet man das „magische Dreieck", worin das Risiko auch zu finden ist, wird der Ausdruck oft mit der Unsicherheit assoziiert. Das „magische Dreieck" soll ein Unternehmen dazu bewegen, die Risiken ihrer Geschäftstätigkeiten im Zusammenhang mit den anderen Faktoren adäquat zu berücksichtigen.

Abbildung 1: Magisches Dreieck der Vermögensanlage

Online-Quelle: http://www.lavinias.de/kapitalanlage/das magische-dreieck.html, Schaubild. Fakten zum magischen Dreieck der Vermögensanlage

Aus Sicht der Mathematiker wird das Risiko als Varianz bezeichnet, welches die mittlere quadratische Abweichung vom Erwartungswert angibt.[2]
Die Varianz ist somit ein Risikomaß, wobei als relatives Streuungsmaß die Standardabweichung errechnet wird. Durch Auflösung der Wurzel kommt man von der Varianz auf die Standardabweichung:

Formel 1 zur Berechnung der Standardabweichung:

$$\sigma = \sqrt{Var(X)} = \underbrace{\sqrt{\frac{\sum_{i=1}^{n}(x_i - \mu)^2}{n}}}_{\substack{\text{Standardabweichung} \\ \text{der Grundgesamtheit}}}$$

Quelle: vgl. http://matheguru.com/stochastik/167-standardabweichung.html

Jedoch müssen hier mehrere Aspekte zum Thema Risiko in Betracht gezogen werden, u.a. die subjektive Ansicht eines Anlegers, der das Risiko aus der Sicht seines Kapitals bzw. eine psychologische Ansichtsweise vertritt.

Um dies zu verdeutlichen, wird in den nächsten Unterpunkten das Verhaltensmuster eines Investors näher beschrieben und begründet. Die verschiedenen Entscheidungstheorien sind alle individuell zu bestimmen, d.h.: jeder Investor besitzt unterschiedliche Risikoeinstellungen.

---

[2] vgl. http://matheguru.com/stochastik/167-standardabweichung.html

2.2 Entscheidungstheorien

2.2.1 risikoscheu

Beim folgenden Szenario versucht der Investor mit einer gewissen Distanz gegenüber dem hohen Risiko zu investieren. Es wird klar ersichtlich, dass der risikoscheue (risikoaverse) Anleger kaum Risiken ausgesetzt ist, da dieser hohen Respekt gegenüber den negativen Szenarien zeigt und sich deshalb bewusst gegen risikobehaftete Positionen entscheidet.
Bsp.: Bei einer Aufnahme eines Kredits entscheidet sich der Anleger für einen festen Zinssatz, wohingegen der Risikofreudige höchstwahrscheinlich eine variable Verzinsung bevorzugt.

2.2.2 risikofreudig

Der risikofreudige Investor ist im Gegensatz zum risikoaversen Investor bei der Betrachtung der vorliegenden Risiken und Renditechancen sehr optimistisch eingestellt.
Die Sichtweise ist in diesem Fall unterschiedlich zu erklären, da die Renditechance in der Situation des Risikos hoch angesehen werden. Bei höheren Risiken, eine höhere Rendite bzw. einen höheren Ertrag zu erhalten, entspricht vollkommen der Denkweise eines risikofreudigen Investors.

2.2.3 risikoneutral

Der risikoneutrale Anleger lässt die Risikokennziffern vollkommen außer Acht und investiert entlang der (expected return) Linie.
Der risikoneutrale Investor entscheidet sich somit für ein beliebiges Anlagevehikel, ganz gleich welches Risiko sich dahinter verbirgt.

3. RISIKOARTEN

Die vorhandenen Einzelrisiken werden in verschieden Risikokategorien unterteilt.
Eindimensionale und zweidimensionale Risiken, systematisches Risiko und unsystematisches Risiko, quantifizierbares und nicht quantifizierbares Risiko und existenzielles und finanzielles Risiko werden im folgenden Abschnitt explizit erläutert. Inzwischen gibt es zusätzliche Risikokategorien, die nicht angesprochen werden, da diese im aktiven Risikomanagement als oberflächlich eingestuft werden. [3]

3.1 Eindimensionales Risiko und zweidimensionales Risiko:

Sobald man mit dem Risiko konfrontiert wird, stellt sich die Frage, ob es sich um eine Chance oder doch um eine Gefahr handelt. Wenn eine der beiden Komponenten dominieren sollte, spricht man vom eindimensionalen Risiko. Negative Auswirkungen auf die Umwelt lassen sich dem eindimensionalen Risiko zuordnen. Das sogenannte Arbitrage spiegelt die zweite Komponente, nämlich die Chance wieder. „Unter Arbitrage versteht man die risikolose Ausnutzung von Preisdifferenzen zwischen verschiedenen Märkten." [4] Hier besteht die Möglichkeit seitens eines Unternehmens, die Ertragschance aufrechtzuerhalten.

Wie das zweidimensionales Risiko angesichts des Begriffs verrät, stehen Verlustrisiken und Renditechancen auf einer Ebene. Die Abweichung vom Mittelwert kann sowie in die positive Richtung als auch in die negative verlaufen, dies entspricht der zweidimensionalen

---

[3] Vgl. Maier, K. M.: Risikomanagement im Immobilien- und Finanzwesen, 3. Aufl., Fritz Knapp Verlag GmbH, Frankfurt am Main 2007, S. 10 ff.
[4] vgl. Herber, S.: Wirtschaft verstehen, 4. Auflage, Schäffer-Poeschel Verlag, Stuttgart 2012, S. 97

Risikosituation. Zu den zweidimensionalen Risikokategoiren gehören auch u.a. das Zinsänderungsrisiko. [5]

3.2 Systematisches und unsystematisches Risiko

Um das Gesamtrisiko eines Unternehmens festzusetzen, muss man das systematische Risiko und das unsystematische Risiko ermitteln. Eine Kombination beider Risikoarten entspricht dem Wert des Gesamtrisikos. Das systematische Risiko lässt sich auf Grund der Ereignisse in der Marktwirtschaft ermitteln. Zudem gehören auch politische Risiken oder Umweltrisiken, welche man nicht durch Risikostreuung bzw. Diversifikation eliminieren kann. „Das unvermeidbare Risiko einer Investition in Aktien liegt also im systematischen Risiko."[6]

Das unsystematische Risiko bezieht sich hauptsächlich auf die Risikosituation eines bestimmten Unternehmens. Im Gegensatz zum systematischen Risiko lassen sich unsystematische Risiken durch Diversifikation vermindern. Hierbei versucht man, die Einzelrisiken in einem Portfolio zu reduzieren und das Risiko auf unterschiedliche Positionen zu streuen. Um einige davon erwähnt zu haben: Bönitätsrisiken bei Krediten oder Risiken bei einer Bauinvestition etc.

Abbildung 2: Systematisches und unsystematisches Risiko:

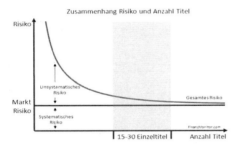

(Quelle:http://www.finanzmonitor.com/wp-content/uploads/2010/07/Diversifikation-Anzahl-Aktien.gif)

3.3 Quantifizierbares und nicht quantifizierbares Risiko

Bei der Quantifizierung bzw. Nichtquantifizierung des Risikos benötigt man die Grundlagen der Statistik. Die Grundlagen stellen die Voraussetzung für die Berechnungen der Wahrscheinlichkeiten dar. Dies verhilft einem Unternehmen Aussagen über zukünftige Eintrittswahrscheinlichkeiten bezüglich Verlust bzw. Gewinnpotentiale zu formulieren[7].
Dadurch kann man auf Grund von mathematisch basierenden Verfahren Risiken antizipieren.

[5] vgl. Maier, K. M.: Risikomanagement im Immobilien- und Finanzwesen, 3. Aufl., Fritz Knapp Verlag GmbH, Frankfurt am Main 2007, Seite 11
[6] vgl. Ernst, D, Schneider, S., Thielen, B.: Unternehmensbewertungen erstellen und verstehen, 5. Auflage , Verlag Franz Vahlen, München 2012, Seite 59f.
[7] vgl. Maier, K. M.: Risikomanagement im Immobilien- und Finanzwesen, 3. Aufl., Fritz Knapp Verlag GmbH, Frankfurt am Main 2007, Seite 12

Jedoch stellen diese auch Wahrscheinlichkeiten dar, was wiederum auf das magische Dreieck zurückführen lässt, worin die Unsicherheit in den Vordergrund rückt. Ein nicht quantifizierbares Risiko liegt dann vor, „wenn das Kriterium der Unsicherheit nicht oder nur sehr unvollkommen messbar ist."[8] Beispiele für nicht quantifizierbare Risiken sind politische Veränderungen innerhalb einer Finanzierungsentscheidung.[9]

3.4 Existenzielle und finanzielle Risiken

Zu den letzten beiden Gliederungspunkten im Rahmen der Risikoarten gehören das sogenannte existenzielle Risiko (Geschäftsrisiko) und das finanzielle Risiko (Kapitalstrukturrisiko).

Als existenzielles Risiko werden die Unsicherheiten bezeichnet, welche „einzelne Investitionsobjekte oder ein einzelnes Unternehmen betreffen."[10] Typische Vorfälle im Rahmen des existenziellen Risikos stellen Investitionsrisiken bzw. fehlerhafte Strategieansätze in der Produktion, u.a. Managementrisiken, dar. Diese Szenarien passieren außerhalb des Unternehmens, die auch als operationelle Tätigkeiten bezeichnet werden. Durch Diversifikation lässt sich analog zum unsystematischen Risiko das existenzielle Risiko vermindern bzw. ganz eliminieren.

Finanzielle Risiken stellen Gefahren bzw. Renditechance dar, die sich auf finanzieller Ebene bewegen. Im Gegensatz zum existenziellen Risiko hängt das finanzielle Risiko nicht vom Investitionsobjekt ab. Das finanzielle Risiko kann die Zahlungsfähigkeit eines Unternehmens negativ beeinflussen (Liquiditätsrisiko), genauso können Variationen im Bereich des Zinses auftreten (Zinsänderungsrisiko).

Ab Kapitel 6.2 aufwärts werden sowohl klassische als auch moderne Finanzinstrumente erläutert, welche zur Steuerung der finanziellen Risiken benötigt werden. Der Fokus wird auf derivative Finanzprodukte gesetzt, die sehr hilfreich für eine bestimmte Risikoabsicherung sein können.

4. Risikomanagement

Für ein Unternehmen ist es immer von großem Vorteil, Chancen rechtzeitig wahrzunehmen und die darin enthaltenen Risiken zu eliminieren bzw. zu mitigieren. Um diese Vorgabe zu erfüllen, muss sich ein Unternehmen diesen strategischen Herausforderungen anhand eines aktiven Risikomanagements zielgenau und bewusst stellen. Es wurden schon unterschiedliche Risikokategorien erläutert, jedoch folgen Ansätze, die zur externen und internen Risikobewältigung führen können.
In den folgenden Unterpunkten werden drei bestimmte Risikoansätze aufgelistet, die den Prozess des Risikomanagements näher veranschaulichen.

4.1 Risikoanalyse

Damit man dem Ziel der Risikoprävention näher kommt, sollten effiziente und nachvollziehbare Entscheidungen seitens des Unternehmens fallen, bevor man sich der Gefahr stellt. Man spricht auch von einer Risikoanalyse, die durchdachte Entscheidungen für eine profitable Zukunft eines Unternehmens voraussetzt. Dazu gehören qualitative Vorgehensweisen, um wirtschaftliche bzw. rechtliche Folgen innerhalb eines Unternehmens transparenter zu

---

[8] vgl. Maier, K. M.: Risikomanagement im Immobilien- und Finanzwesen, 3. Aufl., Fritz Knapp Verlag GmbH, Frankfurt am Main 2007, Seite 12
[9] vgl. Maier, K. (2007), Seite 12
[10] vgl. Maier,K. (2007), Seite 13

gestalten. „Die Identifikation und Dokumentation (...) und Beurteilung von risikotragenden Tatbeständen stellen die Hauptaufgaben der Risikoanalyse dar."[11]

4.2 Risikopolitik

Die zweite Komponente eines aktiven Risikomanagements stellt die Risikopolitik dar. Risikopolitik lässt sich als Umsetzungsprozess der Risikoanalyse verstehen. Ferner liegt es in der Verantwortung der Risikopolitik, ein Risikobewusstsein (risk awareness) in allen Unternehmensbereichen zu etablieren. Auf der einen Seite spricht man von einer Risikoübernahme, auf der anderen Seite von der Risikoprävention.[12] Ein Unternehmen sollte sich im Klaren sein, dass die erhoffte Chance und die Risiken immer im Zusammenhang agieren. Trotzdem gibt es ausreichend viele Instrumente, die zur Streuung bzw. Steuerung der Risiken behilflich sein können.

4.3 Risikokontrolle

Der letzte Unterpunkt des Risikomanagement-Prozesses ist die Risikokontrolle. Ziel hierbei ist es, eine kontinuierliche Überwachung und Dokumentationen von Strategien im Bereich des Risikomanagements durchzuführen. Die Risikokontrolle vertritt sowohl in mittelständischen als auch in hoch angesehen Unternehmen eine wichtige Position bezüglich dem Umgang mit dem Risiko-Chance-Verhältnis. Dies schildert auch ein Medienbericht aus dem Vorjahr genauer: „JPMorgan investiert in die Risikokontrolle. Die US-Bank JPMorgen Chase & Co. investiert vier Milliarden von Dollar in die Risikokontrolle. 15 000 Mitarbeiter sollen sich künftig um die Verbesserung der Compliance (Regeltreue) kümmern."[13]

5. Zinsänderungsrisikomanagement

5.1 Definition des Zinsänderungsrisikos

„Allgemeine Definitionen beschreiben das Zinsänderungsrisiko als Gefahr einer von Marktzinsänderungen herbeigeführten Verringerung einer geplanten oder erwarteten Zinsergebnisgröße (Zielgröße)."[14]
„Schwankungen im Zinsniveau sind am Geldmarkt (kurz- bis mittelfristig) und Kapitalmarkt (langfristig) an der Tagesordnung und können den Kurswert ihrer Wertpapiere täglich ändern."[15]
Veränderungen des Marktzinsniveaus, welche in einer langfristigen bzw. kurzfristigen Laufzeit vorkommen, führen zu sogenannten Zinsänderungsrisiken.
Man spricht auch von Abweichungen im Marktzinsniveau, welche die Erwartung eines Anlegers negativ beeinflussen können. Im ungünstigsten Fall kommt es zu hohen Verlustrisiken, da Schwankungen enorm volatile Charaktereigenschaften aufweisen. Die angesprochenen Schwankungen können somit eine Chance bzw. Gefahr darstellen, deshalb ist der Ausgang bei einem Zinsänderungsrisiko nicht vorhersehbar. Anleger, die eine Anleihe erwerben, sind des Öfteren dem Zinsänderungsrisiko ausgesetzt, da Veränderungen des Marktzinsniveaus, den Kurswert der Anleihe positiv oder negativ beeinflussen können. Bei einer Erhöhung des

[11] Vgl.: Maier, K. M.: Risikomanagement im Immobilien- und Finanzwesen, 3. Aufl., Fritz Knapp Verlag GmbH, Frankfurt am Main 2007, S. 17
[12] vgl.: Maier, K. (2007), S.18
[13] vgl.: http://www.handelsblatt.com/unternehmen/banken/medienbericht-jpmorgan-investiert-in-die-risikokontrolle/8784860.html, 13.09.2013
[14] vgl. österreichische Nationalbank, Leitfaden zum Management des Zinsrisikos im Bankbuch, Wien 2008, S.7
[15] Vgl. Skript BW-Bank, Basisinformationen über Vermögensanlagen in Wertpapieren, 10.aktualisierte Auflage, 10/2009 S.99

Marktzinsniveaus, sinkt in der Regel der Kurs der Anleihe, bei sinkendem Marktzinsniveau steigt umgekehrt der Kurs des festverzinslichen Wertpapiers.[16]
In vielen Unternehmen werden Bilanzpositionen wegen des Zinsänderungsrisikos beeinflusst.[17]

In der folgenden Abbildung, werde ich Aspekte eines Unternehmens schematisch darstellen, die auf Grund von Zinsänderungen beeinflusst werden.

Abb.3: Zinsänderungsrisiken in Unternehmen

Aktiva	Passiva
Verzinsliche Wertpapiere des Anlagevermögens und des Umlaufvermögens	Pensionsrückstellungen
Verzinsliche Beteiligungen	Kredite zur Liquiditätssicherung
Kasse und Bankguthaben	Investitionskredite
	- kurzfristig
	- mittelfristig
	- langfristig

(Quelle: Eigene Darstellung in Anlehnung zu Eller, R. (2008), Professionelles Schuldenmanagement, S.9)

5.1.1 Grundformen der Zinsstrukturkurve

In den folgenden Unterpunkten **5.1.1.1, 5.1.1.2** und **5.1.1.3** wird der Zusammenhang zwischen der Rendite und der Restlaufzeit einer Anleihe anhand der gegebenen Zinsstrukturkurven graphisch darstellt und erläutert. Renditezahlen von Kuponanleihen, Zinsswaps oder Zerobonds in Abhängigkeit von der Laufzeit spiegeln die Zinsstrukturkurven wieder.[18]
Dabei treten verschiedene Arten von Zinsstrukturkurven auf, welche dementsprechend zu unterschiedlichen Resultaten führen können.

5.1.1.1 Inverse Zinsstrukturkurve

Wie schon erwähnt, werden anhand der Zinsstrukturkurven die unterschiedlichsten Zinssätze für verschiedene Laufzeiten grafisch dargestellt. Sobald die Geldmarktzinsen über den Kapitalmarktzinsen liegen, spricht man von einer inversen Zinsstrukturkurve. Dies verstärkt die Annahme, dass ein Anleger bei einer kurzfristigen Zinsbindung mehr Profit erzielt als bei einer langfristigen Anlageentscheidung.[19] Eine inverse Zinsstruktur deutet auf Zinssenkungserwartungen des Marktes hin; dies ist typisch für Hochzinsphasen.[20]

---

[16] vgl. Skript BW-Bank, Basisinformationen über Vermögensanlagen in Wertpapieren, 10. aktualisierte Auflage, 10/2009, S. 100
[17] vgl. Leippe, S., Zinsmanagement in Industrieunternehmen, 1. Auflage, Stuttgart 2011, S. 3ff.
[18] vgl. skript bank-verlag medien, Basisinformationen über Finanzderivate, Stand: Juli 2008, S. 17
[19] vgl. Leippe, S., Zinsmanagement in Industrieunternehmen, 1. Auflage, Stuttgart 2011,
[20] vgl. Sperber, H.: Wirtschaft verstehen, 4. Auflage, Schäffer-Poeschel Verlag, Stuttgart 2012, S. 259

5.1.1.2 Normale Zinsstrukturkurve

Im Vergleich zur inversen Zinsstrukturkurve verläuft die normale Zinsstrukturkurve in die entgegengesetzte Richtung. Daraus folgt, dass hier die Zinssätze für längere Laufzeiten über denen für kürzere Laufzeiten liegen. Folgendes Bsp.: „ (...) liegt der Zinssatz für Zehn-Jahres-Anlagen in festverzinslichen Wertpapieren über dem Zinssatz für kürzere Laufzeiten, beispielsweise dem Drei-Monats-EURIBOR", dann liegt eine normale Zinsstrukturkurve vor.[21] Kurz die Kapitalmarktzinsen liegen üben den Geldmarktzinsen.

5.1.1.3 Flache Zinsstrukturkurve

Hier ist zu beachten, dass sich der Zinssatz einer Anlage völlig unabhängig von der Laufzeit entwickelt. Es liegt in der Hand des Marktteilnehmers, ob er bzw. sie bei gleichbleibender Rendite die Variante der langfristigen oder kurzfristigen Anlage bevorzugt. Bei den obigen Arten von Zinsstrukturkurven legen die Marktteilnehmer mehr Wert auf den Zinssatz, wobei hier das Hauptaugenmerk auf die Laufzeit gesetzt wird.[22]
In besonderen Marktphasen kann die Zinsstruktur auch eine S-Form annehmen.

Wie sich feststellen lässt, passt sich der Verlauf der Zinsstrukturkurven den Umwelteinflüssen an. Es ist empfehlenswert, sich anhand des Konjunturverlaufs des Marktes zu orientieren, bevor man sein Kapital langfristig bzw. kurzfristig bindet. In den folgenden Abbildungen werden die unterschiedlichen Szenarien der Zinsstrukturkurven abgebildet.

Abb. 4: Modellierung von Zinsstrukturkurven

-   **Inverse Zinsstrukturkurve**
-   Normale Zinsstrukturkurve
-   Flache Zinsstrukturkurve

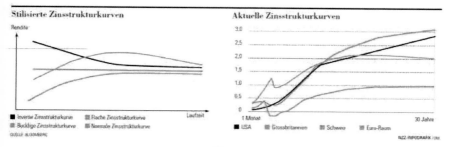

Quelle: Vgl. http://www.nzz.ch/zerrbild-zinsstrukturkurve-1.17035890

5.2 Analyse von Zinsrisiken

---

[21] vgl. skript bank-verlag medien, S. 17
[22] vgl. http://www.finanz-lexikon.de/zinsstrukturkurve_3859.html

5.2.1 Zinsrisiken erkennen

Angesichts der vielen Risikokategorien lassen sich Zinsänderungsrisiken nicht einfach erkennen. Mit Hilfe von verschiedenen Zinsinstrumenten kann man diese bestimmte Art von Komplexität transparenter gestalten.
Jedoch sind in Marktpreisrisiken Zinsänderungsrisiken vorhanden, die die Marktwirtschaft negativ beeinflussen können. Dies bedeutet, dass ein Anleger sich über die verschiedenen Risiken informieren sollte, bevor er sich eine Anleihe erwirbt. Sowohl wirtschaftliche als auch politische Einflüsse können die Marktwirtschaft stark beeinflussen. Dementsprechend sollte ein Privatanleger immer die Ereignisse beobachten (Marktbeobachtung), um Risiken vorzubeugen und Ertragschancen aufrechtzuerhalten.

5.2.2 Zinsrisikoarten

Bei der Analyse des Zinsänderungsrisikos treten verschieden Zinsrisikoarten auf, welche ein Anleger nicht aus den Augen verlieren darf. Bei steigenden bzw. sinkenden Zinsen steht man mehreren Zinsrisikoarten gegenüber, die fester Bestandteil des Zinsänderungsrisiko sind und in den nächsten Punkten kategorisch erläutert werden.

5.2.2.1 Festzinsrisiko

Das Festzinsrisiko ergibt sich, wenn Positionen mit Festzins nicht in gleicher Höhe vorhanden sind, d.h. festverzinsliche Aktiva und Passiva unterschiedliche Volumina aufweisen.[23] Man spricht auch von einer inkongruenten Bilanzstruktur, sobald sich die Laufzeit und das Zinsniveau sowohl auf der Aktiv- als auch auf der Passivseite nicht entsprechen.
Bei Bau- und Hypothekendarlehen setzt man gewöhnlich auf eine feste Verzinsung. Das Barwert-Risiko wird des Öfteren mit dem Festzinsrisiko in Verbindung gebracht.

5.2.2.1.1 Barwert-Risiko

„Das Barwert-Risiko tritt demnach bei allen Zinspositionen eines Unternehmens auf, deren Zinsfestbeschreibung über den für die Risikobeurteilung relevanten nächsten Betrachtungszeitpunkt hinaus geht."[24]
Unter dem Barwert wird der heutige Wert zukünftiger Zahlungen verstanden. Man spricht auch von einem mathematischen Modell, das hohen Verwendungszweck für Wertpapiere mit begrenzter Laufzeit aufweist.[25] Beim Barwert-Risiko wird das Risiko verstanden, das durch Veränderungen des Marktzinssatzes entsteht und zu Schwankungen im Wert eines Finanzinstruments führt. Die Höhe des Zinssatzes beeinflusst somit die Barwerthöhe. Je höher der Zinssatz ist, desto niedriger ist der Kurswert der Anleihe. Vice versa bedeutet dies, dass beim niedrigen Zinssatz der Kurs der Anleihe steigt. Anhand von unterschiedlichen Investitionsprojekten (A,B,C) und unterschiedlichen Zinsbindungen wird das Barwert-Risiko gezielt dargestellt.

Barwert-Formel 2 sieht folgendermaßen aus:

$$BW = \frac{Kupon_1}{(1+i)^1} + \frac{Kupon_2}{(1+i)^2} + \ldots + \frac{Kupon_n}{(1+i)^n} + Z_0$$

---

[23] vgl. http://www.banklexikon.info/d/zinsänderungsrisiko/zinsänderungsrisiko.htm
[24] vgl. Priermeier, T.: Finanzrisikomanagement im Unternehmen, Verlag Franz Vahlen GmbH, München 2005, Seite 112
[25] vgl. Beike, R./Schlütz, J.: Finanznachrichten, 5. Aufl., Schäffer-Poeschel Verlag, Stuttgart 2010, S. 109

Kupon: Nominalverzinsung von Anleihen

i: Diskontierungszinssatz

n: Laufzeit in Jahren

Z_0: erste Zahlung in n=0

Abbildung 5: Investition A

Bei der Investition A kauft der Anleger eine 5-jährige Bundesanleihe zu pari (Nominalbetrag=100). Der Kupon beträgt 7% und das Zinsniveau notiert ebenfalls bei 7%. Der Barwert lässt sich wie folgt berechnen:

n (Laufzeit)	1	2	3	4	5
Kupon	7	7	7	7	7
Barwert der Kuponzahlung	6,54	6,11	5,71	5,34	4,99
Summe der Kupon-Barwerte	28,7				
Nominalbetrag	100				
Barwert des Nominalbetrags	71,3				
Summe aller Barwerte	71,3+28,7=100				

(Quelle: Eigene Darstellung)

Abbildung 6: Investition B

Angenommen das Zinsniveau, sinkt auf Grund externer Einflüsse in der Marktwirtschaft von 7 auf 6 %. Damit ändert sich auch die Barwert-Höhe.

n	1	2	3	4	5
Kupon	7	7	7	7	7
Barwert der Kuponzahlung	6,6	6,22	5,88	5,54	5,23
Summe der Kupon Barwerte	29,47				
Nominalbetrag	100				
Barwert des Nominalbetrags	74,73				
Summe aller Barwerte	104,2				

(Quelle: Eigene Darstellung)

Abbildung 7: Investition C
Folgendes Szenario; das Zinsniveau steigt plötzlich beim Kauf der Anleihe von den ursprünglichen 7% auf 8%.

n	1	2	3	4	5
Kupon	7	7	7	7	7
Barwert der Kuponzahlung	6,5	6,0	5,56	5,15	4,76
Summe der Kupon-Barwerte	27,97				
Nominalbetrag	100				
Barwert des Nominalbetrags	68,06				
Summe aller Barwerte	96,03				

(Quelle:Eigene Darstellung)

5.2.2.2 Variables Zinsrisiko

Die Tatsache, dass ein Unternehmen auf eine feste Verzinsung verzichtet und sich für variable Verzinsungen entscheidet, setzt schon einige Risiken voraus. Detailliert betrachtet ist der Markt unberechenbar und minimale Umwelteinflüsse auf die Finanzwelt können bei einer variablen Verzinsung zu rapiden Verlustrisiken führen.
Ein variables Zinsrisiko kann sich nicht nur auf das persönliche Vermögen negativ auswirken, sondern auch auf die Kreditsumme und die Laufzeit bei einem Raten- oder Konsumentenkredit. [26] Der nächste Unterpunkt, das Cashflow-Risiko, wird ebenfalls als variables Zinsänderungsrisiko bezeichnet.

5.2.2.2.1 Cashflow-Risiko

„Der Cashflow ist eine erwartete zukünftige Zahlung, die durch einen Betrag, eine Richtung (Ein – oder Auszahlung) und einen Zeitpunkt gekennzeichnet ist."[27]
Eine bestimmte Cashflowstruktur ist einer der wichtigsten Faktoren eines Unternehmens, um Investitionen und Finanzierungen zu tätigen. Bei einer variablen Verzinsungen auf Positionen in der Bilanz und einer Aufsummierung der darin enthaltenen Cashflows ergibt sich das sogenannte Zinsbuch-Cashflow.[28] Für jedes Unternehmen gilt daher, die Positionen in der Bilanz genau zu beobachten, um Cashflow- Risiken zu vermeiden und dementsprechend Gefahren in einer Finanzierung bzw. Investitionstätigkeit zu eliminieren. Je geringer der Aufwand in der GuV ist, desto besser ist es für die Ertragslage eines Unternehmens. Umgekehrt kann der Ertrag sinken und der Aufwand steigen, dadurch besteht die Wahrscheinlichkeit, dass man sich dem Cashflow-Risiko nähert.[29] Das Cashflow-Risiko ist auch unter dem Begriff Wiederanlage-Risiko bekannt. [30] Wie schon erwähnt, beeinflusst das Wiederanlage-Risiko einige Positionen in der Bilanz eines Unternehmen, die in der folgenden Tabelle veranschaulicht werden.

---

[26] vgl. http://www.zins-zinseszins.de/zinsaenderungsrisiko/
[27] vgl. Eller, R. (2008), Professionelles Schuldenmanagement, S. 26
[28] http://.www.treasuryworld.de/basiswissen/zinsaenderungsrisiko
[29] vgl. Beike, R./Schlütz, J.: Finanznachrichten, 5. Aufl., Schäffer-Poeschel Verlag, Stuttgart 2010, S. 106
[30] vgl. Priermeier, T.: Finanzrisikomanagement im Unternehmen, Verlag Franz Vahlen GmbH, München 2005, Seite 111

Abbildung 8: Cashflow-Risiken in Unternehmen

Aktiva	Passiva
Kontokorrent-Guthaben	Kontokorrent-Kredit
Festgelder	Roll-Over-Kredite
Termingelder	Zwischenfinanzierungen
Floating-Rate-Notes	auslaufende Zinsbindungen

(Quelle: Eigene Darstellung in Anlehnung zu Priermeier, T.: Finanzrisikomanagement im Unternehmen, Verlag Franz Vahlen GmbH, München 2005, Seite 111)

5.2.3 Zinsinstrumente

Auf dem Finanzmarkt gibt es zahlreiche Zinsinstrumente, die mit Zinsänderungsrisiken konfrontiert werden. Demnach werden drei Zinsinstrumente näher beschrieben, welche des Öfteren zur Steuerung des Zinsänderungsrisikos beitragen.

5.2.3.1 Kassamarkt

Das Managen von Zinsänderungsrisiko bzw. etliche anderer Risiken erfolgt meistens durch unterschiedliche Arten von Finanzinstrumenten, die im Verlauf der Ausarbeitung genau erläutert werden. Dennoch ist es hier sehr wichtig, die Orte zu kennen, wo die bestimmten Instrumente eingesetzt werden.
Einer dieser Orte, wo ein Terminhandel stattfindet, ist das Kassageschäft. Das Kassageschäft ist ein Börsengeschäft, welches in einer bestimmten Frist erfüllt werden muss.[31] Eine der Hauptmerkmale ist die kurzfristige Erfüllung einer Pflicht, die zwischen Käufer und Verkäufer ausgemacht wurde. Der Handel mit Wertpapieren oder Devisen sind typische Zinsinstrumente, die am Kassamarkt verwendet werden.

---

[31] vgl. Beike, R./Schlütz, J.: Finanznachrichten, 5. Aufl., Schäffer-Poeschel Verlag, Stuttgart 2010, S. 483

5.2.3.2 Terminmarkt

Bei Termingeschäften liegt im Gegensatz zum Kassageschäft eine deutlich längere Zeitspanne zwischen Abschluss und Erfüllung. Die Vertragsbedingungen werden zwar am gleichen Tag fixiert, aber erst in der Zukunft erfüllt.[32]

Folgende Zinsinstrumente sind am Terminmarkt zu finden:

- Forward Rate Agreement
- Forward-Swaps
- Futures auf Bundesobligationen
- Futures auf Bundesanleihen
- Zinsswaps
- Zinswährungsswaps
- 3-Monats-EURIBOR-Futures[33]

Zu beachten ist dennoch, dass man am Terminmarkt zwischen zwei Formen von Termingeschäften differenziert.

5.2.3.2.1 Bedingte Termingeschäfte

Bei einem bedingten Termingeschäft liegt es an der Entscheidung des Käufers, ob er das Termingeschäft ausübt oder nicht. Man spricht auch von einem Wahlrecht, welches ihm zusteht. Der Verkäufer dagegen hat die Pflicht die Vertragsmodalitäten zu erfüllen. Der Preis in der Zukunft bestimmt die Entscheidung des Käufers, ob er die vorab festgelegten Bedingungen wahrnimmt oder darauf verzichtet. Deshalb nennt man derartige Geschäfte bedingte Termingeschäfte oder Optionen.[34]

5.2.3.2.2 Unbedingte Termingeschäfte

Im Gegensatz zu bedingten Termingeschäften müssen beide Vertragspartner (Käufer und Verkäufer) das Termingeschäft ausüben.
Unbedingte Termingeschäfte lassen sich wiederrum in börsengehandelte und außerbörsliche (OTC-) Geschäfte unterteilen.[35] Die dazugehörigen Finanzinstrumente werden im Verlauf der Seminararbeit konkretisiert. Typische Finanzinstrumente, die im unbedingten Termingeschäft vorkommen, sind sogenannte Futures.

5.2.3.3 Optionsmarkt

„Optionen sind Rechte, die in Zukunft ausgeübt werden können, aber nicht unbedingt in Anspruch genommen werden müssen."[36] Der Inhaber ist generell nicht verpflichtet, das

---

[32] vgl. Beike, R./Schlütz, J.: Finanznachrichten, 5. Aufl., Schäffer-Poeschel Verlag, Stuttgart 2010, S. 484
[33] vgl. HypoVereinsbank, (2008), Seite 6
[34] vgl. Beike, R./Schlütz, J.: Finanznachrichten, 5. Aufl., Schäffer-Poeschel Verlag, Stuttgart 2010, S. 484f.
[35] vgl. http://www.aktiencheck.de/lexikon/U.m?begriff=unbedingte_Termingeschaefte
[36] vgl. Beike, R./Schlütz, J.: Finanznachrichten, 5. Aufl., Schäffer-Poeschel Verlag, Stuttgart 2010, S. 484f.

Geschäft am Optionsmarkt zu erfüllen. Damit der Käufer das Wahlrecht besitzt, zahlt er eine Optionsprämie, welche zugleich sein Verlustrisiko darstellt. Der Verkäufer dagegen kann von dieser Prämie profitieren.
Als Veranschaulichung werden vier Grundpositionen des Optionsgeschäfts beschrieben:

* Long Call: Hier spekuliert der Käufer auf steigende Kurse. Hierbei hat er das Recht, einen Basiswert zu einem vorher festgelegten Preis und einem bestimmten Zeitpunkt zu kaufen.
* Long Put: Im Gegensatz zum „Long Call", spekuliert der Käufer eines Put auf fallende Kurse. Dabei zahlt er wie beim „Long Call" eine Optionsprämie und erwirbt das Recht, den Basiswert zu verkaufen.
* Short Call: Bei einem Short Call wird ein Call verkauft. Der Verkäufer ist gegenüber dem Käufer verpflichtet, den Basiswert zu liefern.
* Short Put: Der Verkäufer verkauft hier einen Put. Für den Verkäufer besteht die Pflicht, „dem Käufer bei Ausübung seines Wahlrecht den Basiswert zu vorher festgelegten Konditionen abzukaufen."[37]

5.3 Messung von Zinsänderungsrisiken

Nachdem das Zinsänderungsrisiko definiert und anschließend diverse Märkte demonstriert wurden, worin bestimmte Zinsänderungsrisiken vorkommen könnten, folgen in der weiteren Ausarbeitung elementar wichtige Parameter.
Diese Parameter dienen der Messung bzw. Bewertung von Zinsänderungsrisiken.

5.3.1 Messungskennzahlen

5.3.1.1 Duration

Die Duration, auch als Kurssensibilitätskennziffer bekannt, sagt aus, wie der Kurs sich verhält. „Je höher der Wert der Duration, desto höher ist dementsprechend das Zinsänderungsrisiko der Anleihe; Instrumente mit geringer Duration sind weniger zinssensibel."[38] Kurz, das Risiko hängt direkt mit der noch verbleibenden Laufzeit (Restlaufzeit) zusammen.
Der Wert, welcher bei der Duration errechnet wird, spiegelt die durchschnittliche Kapitalbindungsdauer wieder.[39]
Duration hängt von folgenden Faktoren ab:
1. *Laufzeit der Anleihe (je länger die Restlaufzeit, desto höher die Duration)*
2. *Höhe der Kupons*
3. *Rendite[40]*

Formel 3 der Duration:

$$D= \frac{\sum t \times Zt \times (1+r)-t}{Zt \times (1+r)-t}$$

t: Zins- und Tilgungsfähigkeit
Zt: Zahlung Zt
r: Marktrendite

---

[37] vgl. http://www.boerse.de/boersenlexikon/
[38] vgl. Maier, K. (2007), Seite 29
[39] vgl. Beike, R./Schlütz, J.: Finanznachrichten, S. 434
[40] vgl. Beike R./Schlütz.J.: Finanznachrichten, S. 434

Beispiel der Duration-Berechnung:

Kauf einer festverzinslichen Anleihe (Kurs entspricht 100%) : 100 €
Laufzeit: 5 Jahre
Marktrendite: 8%

Abbildung 9: Berechnung der Duration:

Restlaufzeit (t)	Zinsen/Tilgung	Barwert der Zahlungen	Gewichtung der Barwerte	Duration
1	8	7,41	7,41*1=7,41	
2	8	6,86	13,72	
3	8	6,35	19,05	
4	8	5,88	23,52	
5	108	73,5	367,5	
$\sum$ *Summe*		100	431,2	431,2:100= 4,31

(Eigene Darstellung mit Hilfe von Excel)

Es wird klar ersichtlich, dass die Laufzeit und die Höhe der Zins- und Tilgungszahlungen großen Einfluss auf den Wert der Duration ausüben. Der Durations-Wert 4,31 sagt aus, dass es durchschnittlich 4,31 Jahre dauert, bis man sein eingesetztes Kapital (100 Euro) wieder zurückerhält. [41] Ein Anleger sollte diese Maßgröße immer im Auge behalten, bevor er Investitionen eingeht, die einem hohen Zinsänderungsrisiko ausgesetzt sind.
Anleihen, die eine hohe Duration aufweisen, sprechen für risikofreudige Investoren, da sie aufgrund des höheren Zinsänderungsrisikos stärker von steigenden Kursen profitieren können. [42]

5.3.1.1.1 Modified Duration (MD)

Eine genauere Abschätzungen der Kursänderungen gibt die Modified Duration an.
„Die Modified Duration ist also ein Maß für die Kursreagibilität bei Zinsänderungen". [43] In anderen Worten, sie gibt an, wie sich der Wert eines Kurses verhält, sobald die Marktrendite um 100 Basispunkte (1% Prozent) ansteigen bzw. fallen sollte. Man spricht auch von einem Verfahren, die zur Ermittlung der Preissensitivität verhilft.

$$\text{Formel 4 der MD}: \frac{Duration}{(1+r)}$$

5.3.1.1.2 Konvexität

Die Modified Duration impliziert einen Schätzungsfehler bezüglich der Schätzung bei Kursveränderungen einen Schätzungsfehler. Die Höhe des Schätzungsfehlers kann durch die Konvexität errechnet werden. Somit ist die Konvexität ein wesentlicher Parameter zur Beurteilung des Zinsänderungsrisikos bei Anleihen. Die Duration liefert für geringe Zinsänderungen bessere Resultate. „Je größer die Zinsänderung ist, desto weiter wird der tatsächliche Wert von der Schätzung abweichen." [44]

---

[41] vgl. Beike, R./Schlütz, J.: Finanznachrichten, S. 435
[42] vgl. Maier, K. (2007), Seite 29
[43] vgl. Beike, R./Schlütz, J.: Finanznachrichten, S. 435
[44] vgl. Finance Trainer, 2007, S. 38

5.3.1.1.2.1 Volatilität

Die Volatilität stellt eine mathematisch stochastisch basierte Maßgröße dar. Hauptsächlich ergeben sich Schwankungsbereiche in einem bestimmten Zeitraum von gewissen Zinssätzen oder Wertpapierkursen.

5.3.1.1.2.2 Betafaktor

Als Maßgröße für systematische Risiken wird der Betafaktor angewandt. Sie misst hauptsächlich die Sensitivität eines Papiers bezüglich Kursänderungen des gesamten Marktes.[45] Beispiel: „Ein Beta von 1,2 bedeutet somit, dass das betrachtete Wertpapier um 1,2 % steigt, wenn der Marktindex (z.B DAX) um 1 % steigt."[46]

5.3.1.1.2.3 Korrelation

Die Korrelation beschreibt die Beziehung zwischen mehreren quantitativen Merkmalen. Maßgrößen für die Stärke des Zusammenhangs (Korrelation) werden als Korrelationskoeffizienten bezeichnet.

5.3.1.2 Value at Risk (VaR)

Beim Value at Risk (VaR), welches ebenfalls ein Risikomaß darstellt, wird die Ausfall- bzw. Verlustwahrscheinlichkeit ermittelt. Man spricht auch von einem bestimmten Verfahren, mit dem sich Unternehmen gegen Kursrisiken absichern können.
Einen großen Verwendungszweck besitzt das VaR beim Umgang mit Derivaten in Bezug auf Marktpreisrisiken. Dabei verhilft diese Kennzahl Anleger oder Unternehmen dazu, ihr Risiko gezielt zu streuen und Ausfallrisiken zu vermeiden.
„Des Weiteren beschreibt die Value at Risk das Verlustrisiko eines Wertpapiers innerhalb eines bestimmten Zeitraums."[47]
Zinsänderungsrisiken, genauso wie andere Marktpreisrisiken, lassen sich mit Hilfe dieser Kennzahl berechnen.

6. Zinsänderungsrisiken managen

6.1 Instrumente zur Risikoprävention

Da Parameter des Zinsänderungsrisikos explizit erwähnt und mit Hilfe von Beispielen veranschaulicht wurden, stellt sich weiterhin die Frage, anhand welcher Instrumente sich Zinsänderungsrisiken absichern lassen. Man spricht auch von einem Hedgegeschäft, welches voraussetzt, dass man sich bei bestimmten Investitionen in diverse Assetklassen gegen

---

[45] vgl. http://boerse.ard.de/boersenwissen/boersenlexikon/beta-faktor-100.html
[46] vgl. Priermeier, T.: Finanzrisikomanagement im Unternehmen, Verlag Franz Vahlen GmbH, München 2005, Seite 400
[47] Vgl. HSBC Trinkaus (2012), Seite 25

Verlust- bzw. Ausfallrisiken abzusichern. In den kommenden Punkten, werden sowohl traditionelle als auch innovative Instrumente vorgestellt, die zur Risikoprävention führen.
Bei Einigung zweier Vertragsparteien über einen bestimmten Zinssatz, besteht von vornherein die Möglichkeit, das Zinsänderungsrisiko zu isolieren. Diese Art von Absicherung wird dementsprechend exemplifiziert.

6.1.1 Gleitzinsvereinbarung (Roll-over-Verzinsung)

Charakteristisch für einen Kreditgeber bei einer Gleitzinsvereinbarung ist, dass die Höhe des Zinssatzes über kurze Zeitabstände dem aktuellen Marktzinsniveau bzw. den Refinanzierungskosten angepasst wird.[48]
Die Gleitzinsvereinbarung ist sehr flexibel gestaltet, da der Schuldner mit einer Frist von drei Monaten aus den Vertrag aussteigen kann.
Der Kreditnehmer muss seinen Verpflichtungen nachkommen, indem er den Refinanzierungssatz des Kreditgebers und zusätzlich eine Marge bezahlt.
Hinzu kommt, dass die Bonität des Kreditnehmers eine wesentliche Rolle spielt, da diese die Höhe der zu bezahlenden Marge bestimmt. Die Marge setzt sich noch aus der Laufzeit und der Höhe des Darlehens zusammen. Zusammenfassend lässt sich sagen, dass der Kreditnehmer das volle positive und negative Zinsänderungsrisiko trägt.[49]

6.1.2 Festzinsvereinbarung

Bei der Festzinsvereinbarung werden dem Kreditnehmer Zinskonditionen über die gesamte Laufzeit festgelegt. Auf der einen Seite steht dem Kreditnehmer eine sichere Kalkulationsgrundlage zur Verfügung, auf der anderen Seite kann er nicht von sinkenden Zinsen profitieren. Bei einem festen Zinssatz steht jedoch der Kreditnehmer auf der sicheren Seite, da Zinsänderungsrisiken ausgeschlossen sind und man auch gegen Liquiditätsrisiken immun ist.[50]

6.1.3 Vereinbarung einer Zinsbindungsfrist

Sobald man die Zinskonditionen für eine bestimmte Laufzeit festlegt, spricht man von einer Vereinbarung einer Zinsbindungsfrist. Im befristeten Zeitraum trägt der Kreditnehmer kein Zinsänderungsrisiko.[51] Der Kreditnehmer sollte sich aber im Klaren sein, dass das Darlehen in der festgelegten Periode getilgt werden sollte, da nach Ablauf der Laufzeit das Zinsänderungsrisiken wieder auftaucht.

6.2 Innovative Finanzinstrumente

Wir haben inzwischen die traditionellen Instrumente zur Absicherung von Zinsänderungsrisiken kennengelernt. Heutzutage ist der Gebrauch von diesen Instrumenten zunehmend gesunken und Anleger oder Unternehmen greifen zu den innovativen Finanzinstrumenten.
Die Rede ist von Derivaten, da sich diese spezielle Art von Risikoprävention einen lukrativen Status im Bereich des Risikomanagements angeeignet hat.
Aufgrund deren Flexibilität und expandierten Strategievarianten sind Derivate im heutigen Gebrauch nicht mehr wegzudenken. In den folgenden Punkten werden gängige Arten von

---

[48] vgl. Maier, K. (2007), Seite 347
[49] vgl. Maier, K. (2007), Seite 347
[50] vgl. Maier, K. (2007), Seite 348
[51] vgl. Maier, K. (2007), Seite 348

Derivate vorgestellt, die zur Absicherung etlicher systematischen Risiken, u.a. das Zinsänderungsrisiko, führen.

6.2.1 Forward Rate Agreement

6.2.1.1 Begriff und Wesen

Das Forward Rate Agreement (FRA) ist ein außerbörsliches Zinstermingeschäft. Da ein unbedingtes Termingeschäft ein zweiseitiger bindender Kontrakt ist, sind beim Forward beide Vertragsparteien zur Vertragserfüllung verpflichtet.[52] Da Forwards nicht an der Börse gehandelt werden, müssen sie zwischen den beiden Vertragspartnern individuell ausgemacht werden. Der Betrag, welcher an einem Zeitpunkt in der Zukunft zu zahlen ist, errechnet sich aus der Differenz des aktuellen vereinbarten Vertragszinssatzes (FRA-Satz) und dem zukünftigen Marktzinssatz (Referenzzinssatz). Beim Referenzzinssatz handelt es sich in der Regel um einen EURIBOR-Satz. Der Käufer des FRAs erhält eine Ausgleichszahlung, wenn der Marktzinssatz am Fälligkeitstag über dem vereinbarten Zinssatz liegt. Dagegen ist der Verkäufer zu einer Ausgleichszahlung am Erfüllungstag verpflichtet, sobald der Referenzzinssatz am Feststellungstag über dem ausgemachtem FRA-Satz liegt. Prinzipiell setzt sich ein FRA aus der Vorlaufzeit, dem vereinbarten FRA-Zinssatz und der abgesicherten Periode zusammen.[53]

6.2.1.2 Preisbildung

Die Preisbildung eines Ausgleichbetrages soll mit folgendem Beispiel illustriert werden:
Hier wird ein 3×9- (sprich 3 gegen 9) FRA dargestellt. Die ersten drei Monate stellt die Vorlaufzeit dar, die zweite Zahl die Gesamtlaufzeit, sprich neun Monate. Um es kurz zu fassen, beginnt die Referenzperiode nach drei Monaten und endet nach neun Monaten.[54] Die Differenz beider Zahlen ergibt die abgesicherte Periode, welche sechs Monate ergibt.

Formel 5 zur Berechnung des Ausgleichsbetrags:

$$Volumen*\left(\frac{Forward-Satz-Referenzzinssatz}{100}\right)*\frac{Tage\ der\ Zinsperiode}{360}*\frac{1}{1+\frac{Referenzzinssatz*(Tage\ der\ Zinsperiode)}{360}}$$

Volumen: 1.500.000,00

Laufzeit FRA: 3/9 (180 Tage)

FRA-Satz: 9%

Referenzzinssatz (zR): 8%

$$\frac{1.500.000*(0,09-0,08)*\frac{180}{360}}{(1+0,09*\frac{180}{360})} = 7.177,03\ €$$

A: Der errechnete Betrag entspricht dem Ausgleichungsbetrag.

---

[52] vgl. Skript bank-verlag medien, Basisinformationen über Finanzderivate, Juli 2008, Seite 25
[53] vgl. Eller, R. (2008), Professionelles Schuldenmanagement, S. 23
[54] vgl. Beike/Barckow: Risk-Management mit Finanzderivaten, 3. Aufl., Oldenbourg Verlag, München 2002, S. 20

6.2.1.3 Arten

Hauptsächlich werden Forward Rate Agreements im Zinsbereich angewendet. Sogenannte Aktien- oder Devisen-FRAs existieren nicht.
Da FRAs die Charaktereigenschaft der Individualität repräsentieren, können prinzipiell alle Geldmarktzinssätze abgesichert werden.
Bei einem Kontraktabschluss von Forward Rate Agreements sind folgende Punkte zu beachten:

* Kauf/Verkauf des FRAs,
* Nominalbetrag,
* FRA-Satz,
* Vorlauf- und Absicherungsperiode,
* Referenzzinssatz.

6.2.1.4 Anwendungsmöglichkeiten

Anhand der Forward Rate Agreements besteht die Chance seitens des Investors, sich einen Zinssatz in der Zukunft abzusichern. Der Käufer eines FRAs möchte sich gegen ein Anstieg des Referenzzinsatzes absichern. Dagegen will der Verkäufer sich gegen das Risiko sinkender Zinsen absichern. Dieser Prozess hängt von den eigenen Erwartungen beider Seiten bezüglich der Zinsentwicklung ab. Sobald die Erwartungen nicht eintreffen, muss einer von beiden eine Ausgleichszahlung tätigen. Des Weiteren kann man sogenannte FRA-Ketten bilden, um sich Zinssicherungen über einen längeren Zeitraum zu gewährleisten. „Mit der Kombination eines 3×6-, 6×9-, 9×12- und 12×15-FRAs wird eine Zinssicherung von insgesamt zwölf Monaten beginnend in drei Monaten begründet."[55]

6.2.2 Zinsswaps

„Ein Swap (engl.: tauschen) ist, rein formal betrachtet, ein bilateraler Finanzvertrag, der einen Zahlungsstrom zwischen zweit Parteien aufzeigt und darstellt."[56] Damit sind Vereinbarungen gemeint, bei denen heute festgelegt wird, zu welchen Konditionen zwei Marktteilnehmer in der Zukunft tauschen.[57]
Um Zinsänderungsrisiken bzw. Zinskosten zu reduzieren, wird der sogenannte Zinsswaps (Interest Rate Swaps) am häufigsten verwendet. In der Regel werden hier variable gegen feste Zinszahlungen „auf identische und währungsgleiche Kapitalbeträge" getauscht.[58] Bei der Bezahlung des festen Zinssatzes aus Sicht des Kunden spricht man vom Payer Swap und beim Erhalt vom Festzins von einem Receiver Swap.[59]
Bei der Berechnungen dieser Austauschzahlungen wird neben den Zinssätzen - dem festen Swapsatz und dem variablen Referenzzinssatz - ein fiktiver Nominalbetrag zugrunde gelegt. Analog zum Forward Rate Agreement kommt es beim Zinsswaps ebenfalls nicht zu einer Übertragung des Nominalbetrags.

6.2.2.1 Arten

Der Austausch von bestimmten Zinssätzen kann zwischen Banken und Investoren vollkommen unterschiedlich erfolgen. In den nächsten Unterpunkten werden einige Arten von Zinsswaps vorgestellt und dementsprechend erläutert.

---

[55] vgl. Skript bank-verlag medien, Basisinformationen über Finanzderivate, Juli 2008, Seite 28f.
[56] Bloss M., Ernst D.: Derivate, Oldenbourg Wissenschaftsverlag GmbH, München 2008, Seite 154
[57] vgl. Beike, R./Schlütz, J.: Finanznachrichten, S. 531
[58] Vgl.: Priermeier, T.: Finanzrisikomanagement im Unternehmen, Verlag Franz Vahlen GmbH, München 2005, S. 348
[59] Bloss, Michael; Ernst, Dietmar; Häcker, Joachim; Sörensen, Daniel: Financial Engineering, Seite 324

6.2.2.1.1 Kuponswap

Zu den am häufigsten gehandelten Varianten zählt der klassische Kuponswap. Bei einem Kuponswap, auch Festzinsswap genannt, erfolgt der Tausch von einem fixen Zinssatz gegen eine variable Zahlung (Payer) bzw. umgekehrt (Receiver).

6.2.2.1.2 Basisswap

Es kommt hier zu einem Tausch zwischen zwei unterschiedlichen, variablen Zinssätzen, wobei die Währung die Gleiche ist.[60]

6.2.2.1.3 Cross Currency Interest Rate Swap

Bei einem Cross Currency Swap erfolgt ein Austausch zweier Vertragspartner von Geldbeträgen in zwei unterschiedlichen Währungen. Der Nominalbetrag wird sowohl zu Beginn als auch am Ende der Laufzeit ausgetauscht.

6.2.2.2 Anwendungsmöglichkeiten

Prinzipiell können Zinsswaps als Absicherungsmöglichkeit (Hedging) von systematischen Risiken, darunter Zinsänderungsrisiken, dienen. Sobald ein Unternehmen einen Kredit mit festem Zinssatz aufnimmt und für den weiteren Verlauf mit fallenden Zinsen rechnet, kann man mit Hilfe eines Zinsswaps von der Zinsentwicklung dennoch profitieren. Dabei vollzieht man einen Tausch des festen Zinssatzes in eine variable Verzinsung. Hier wirkt der Zinsswap sehr hilfreich für ein Unternehmen hinsichtlich der Stabilität des Asset- und Liability-Managements. Zusätzlich kann man mit dem Einsatz von Zinsswaps ohne Veränderung „von Liquiditätspositionen (z.B aufgenommene Kredite, Festgelder) die Zinsbindungsfrist verlängern oder verkürzen."[61] Damit kann man eigenständig bestimmen, ob man weiterhin langfristig am Zins gebunden sein möchte oder doch die Laufzeit zu verkürzen.

6.2.2.3 Preisbildung

Am Markt bildet sich der Preis eines Swaps, dies erfolgt in Prozent per annum. Bei der jeweiligen Berechnung des Swap-Satzes wird als Bezugszinssatz der 6-Monats- EURIBOR zugrunde gelegt. Jedoch ist es jedem Anleger überlassen, für welchen Referenzzinssatz man sich entscheidet. Als Beispiel für eine Zinsswapquotierung werden zwei Seiten betrachtet:
Die Quotierung lautet: drei Jahre 4 - 4,05%, d.h der Swapanbieter ist bereit, gegen Erhalt des 6-Monats-EURIBORs, einen Festzinsatz von 4% über drei Jahre zu zahlen (Swap-Geldseite). Bei einer Swap-Briefseite ist er dagegen bereit, den Referenzzinssatz zu zahlen und den Festzinssatz von 4,05% zu empfangen.[62]

---

[60] vgl. Finance Trainer, 2010, S. 5
[61] vgl. Skript bank-verlag medien, Basisinformationen über Finanzderivate, Juli 2008, Seite 49
[62] vgl. HypoVereinsbank, (2008), Seite 10

6.2.3 Futures

„Futures sind nicht nur nach ihrem Begriff, sondern auch nach ihrem wirtschaftlichen Wesen ganz auf zukünftige Leistungen ausgerichtet."[63]
Da Futures zu den unbedingten Termingeschäfte gehören, besteht wie schon bei den Forwards die Erfüllungspflicht beider Vertragspartner. Futures beinhalten die Pflicht, den Kontraktgegenstand zum Future-Preis bei Fälligkeit anzunehmen bzw. zu liefern.
An dieser Stelle vertritt der Käufer die Position Future long und der Verkäufer die Position Future short. Futures sind standardisierte Forwards, da hier nicht wie bei den Forwards nach Belieben vorgegangen werden kann, denn es handelt sich um Börsengeschäfte.[64]
Beim Future wird zu Beginn der Preis eines Gutes vereinbart, welcher dann zum Fälligkeitstag seinen Besitzer wechselt. Durch diese bestimmte Art von Derivat versucht man, Zinsrisiken vorzubeugen bzw. kontrolliert zu steuern.[65] Der Handel von diesen Future-Kontrakten findet an Terminbörsen statt und deren Abwicklung bei einer sogenannten Clearingstelle. Damit solche Abwicklungen zustande kommen, müssen gewisse Sicherungssummen hinterlegt werden (Initial Margin). Bei der Sicherungssumme spricht man von einer Margin, die der Investor bezahlt. Somit wird das Erfüllungsrisiko minimiert und die Börse haftet nicht mit ihren Eigenkapital. Jeder Future-Kontrakt wird direkt mit der Clearingstelle abgeschlossen. „Der Investor kann grundsätzlich bei Kauf eines Futures auf steigende Trends setzten („geht long") oder bei Verkauf spekuliert er auf einen Abwärtstrend („geht short").[66]
Neben den sogenannten tradionellen Warenterminkontrakten (Commodity Futures), findet man heutzutage eine hohe Anzahl von Finanztermingeschäften (Financial Futures), darunter auch der Zins-Future.
Der Zins-Future stellt ein Instrument des Zinsänderungsrisikomanagments dar, denn „sie ermöglichen Absicherungsmöglichkeiten bestehender oder zukünftiger Positionen auf der Aktiv- und der Passivseite gegen Kursänderungsrisiken."[67]
Die Basiswerte (Underlying) der Commodity Futures beziehen sich auf Rohstoffe, während die des Zinsfutures andere aufweisen. Die an der Terminbörse am häufigsten angewendeten Zinsfuture-Kategorien werden anschließend näher betrachet.

6.2.3.1 EURIBOR-Futures

Bei einem EURIBOR-Futures, handelt es sich um eine standardisierte FRA-Vereinbarung. Es wird zwischen dem 1-Monats und dem 3-Monats-Kontrakt unterschieden. Das Augenmerk wird hier auf den 3-Monats-EURIBOR gelegt. Bei einem Future auf ein 3-Monats-EURIBOR, besteht die Möglichkeit, Zinsänderungsrisiken von Forderungen und Einlagen vorläufig abzusichern.[68]
Die längste Laufzeit beträgt drei Jahre, wobei hier das Handelsinteresse geringer ist als bei einer kürzeren Laufzeit. Demzufolge ist das Erzielen eines hohen Umsatzes bei einer längeren Laufzeit umso geringer. Als nächstes wird eine Abbildung zu einer Kurve bezüglich des 3-Monats-EURIBORs aufgezeigt. Daran kann man erkennen, dass bei einer expandierten Laufzeit der Zinssatz bzw. das Zinsänderungsrisiko höher ist und man sich eher für kurzfristige Investitionen entscheiden sollte.

---

[63] http://www.deifin.de/fuwi001.htm
[64] vgl. Beike, R./Schlütz, J.: Finanznachrichten, S. 548
[65] vgl. Maier, K. (2007), Seite 317
[66] Bloss, Michael; Ernst, Dietmar; Häcker, Joachim; Sörensen, Daniel: Financial Engineering, S. 130
[67] vgl. HypoVereinsbank, (2008), Seite 31
[68] vgl. HypoVereinsbank, (2008), Seite 40

Abbildung 10: 3-Monats-EURIBOR

(Quelle: vgl. http://www.zinssatz-EURIBOR.de)

Da es sich beim EURIBOR-Future um ein standarisiertes FRA handelt, kann man mit Hilfe des Schlusskurses eines Futures die Forward Rate berechnen. „Das Laufzeitende eines EURIBOR-Kontraktes markiert den Anfang der dreimonatigen Referenzperiode."[69] Angenommen, es wird ein März-Future zu einem Schlusskurs von 95,31 gekauft, dann errechnet sich die Forward Rate wie folgt:

95,31= 100-Forward-Rate
Forward-Rate= 100-95,31
Forward-Rate= 4,69 %

6.2.3.2 Euro-Bund-Future

„Der Bund – Future, die Kurzbezeichnung für den Euro – Bund – Future, ist ein Terminkontrakt auf eine idealisierte Bundesanleihe."[70] Der Nominalwert dieser Anleihe beträgt 100.000 € und der Preis des Bund-Futures wird im Regelfall in Prozent angegeben. Der Inhaber behält dabei das Recht, die Bundesanleihe zu einem festgelegten Zeitpunkt zum Nominalwert von 100.000 € zu kaufen oder zu verkaufen. Typische Merkmale für ein Bund-Future ist der Kupon von 6% und die Restlaufzeit zwischen 8,5 und 10 Jahren.

Abbildung 11: *Relevante Kontraktspezifikationen:*

Basiswert	Kupon von 6% Restlaufzeit 8,5-10 Jahre
Nominalbetrag	100.000 €
Liefermonate	Quartalsmonate: März, Juni, September, Dezember
Laufzeit	max. 9 Monate
Liefertag	10. Kalendertag des jeweiligen Liefermonats
Letzter Handelstag	2 Tage vor dem Liefertag des jeweiligen Liefermonats
Handelszeit/-ort	8.00-19.00 Uhr an der EUREX

(Eigene Darstellung in Anlehnung zu HypoVereinsbank, (2008), Seite 31)

Mit Hilfe der Bund-Futures kann man langfristige Zinsbindung strategisch verfolgen, damit man sich Absicherungsmöglichkeiten ermöglicht.
Bei einem Anstieg der Kurse des Bund-Futures würde dies den Erwartungen sinkender Marktzinsen entsprechen. Dagegen sprechen sinkende Kursen des Bund-Futures für die Erwartung steigender Zinsen.

---

[69] vgl. Beike, R./Schlütz, J.: Finanznachrichten, S. 575
[70] vgl. http://www.boersennews.de/lexikon/begriff/bund-future/1175

6.2.3.3 Euro-Bobl-Future

Bei einem Euro-Bobl-Future handelt es sich um ein Terminkontrakt auf eine fiktive Bundesobligation. Aufgrund der Absicherungsmöglichkeiten hinsichtlich mittelfristiger Laufzeiten gewinnt der Euro-Bobl-Future immer mehr an Interesse für bestimmte Marktteilnehmer. Investoren können sich mit Verkauf eines Future-Kontraktes gegen „Risiken steigender Zinsen, d.h. fallender Kurse" gezielt absichern.[71]
Im Prinzip verläuft die Glattstellung des Terminvertrages analog zum Euro-Bund-Future, mit der einzigen Ausnahme, dass es sich um verschiedene Laufzeiten handelt. Wie schon erwähnt, spricht man von einer mittelfristigen Laufzeit, d.h. zwischen 4,5 bis 5,5 Jahre.

6.2.3.4 Euro-Schatz-Future

Parallel zu den anderen Terminkontrakten ist der Euro-Schatz-Futures ebenfalls ein standardisierter Vertrag zwischen Käufer und Verkäufer. Dennoch gilt hier, dass als Basiswert eine Bundesschatzanweisung zugrunde gelegt wird. Des Weiteren benötigt man den Euro-Schatz-Future für kurzfristige Absicherungen enthaltener Zinsrisiken. Die Laufzeit befindet sich zwischen 1,75 und 2,25 Jahre, deshalb wird diese Art von Hedging bei kurzfristigen Anlagen verwendet. Dementsprechend kann der Investor Zinsänderungsrisiken bestehender oder zukünftiger Bilanzpositionen gezielt analysieren und managen.

6.2.4 Caps, Floors und Kombinationen

6.2.4.1 Begriff und Wesen

Caps und Floors sind im Gegensatz zu den FRAs und Swaps bedingte Termingeschäfte. Sie können sich auf mehrere Basiswerte beziehen, Zinssätze oder Rohstoffe inbegriffen. Bei einem Cap kann dem Käufer nach Bezahlung einer Prämie eine Zinsobergrenze garantiert werden. In anderen Worten, der Käufer ist gegenüber einem Zinsanstieg immun. Der Verkäufer ist dagegen verpflichtet, dem Kunden eine Ausgleichzahlung zu erstatten, sobald der Zinssatz über der festgelegten Zinsobergrenze (Strike) liegt. Die Ausgleichzahlung setzt sich aus der Differenz des Referenzzinsates und des überschreitenen Zinses zusammen.

$$\text{Formel 6:} \quad \frac{(Referenzzinssatz-Strike)*Tage}{100*360} * \text{Volumen}$$

Beim Zins-Floor wird zwischen beiden Vertragspartnern eine Zinsuntergrenze vereinbart. Der Käufer sichert sich anhand des Zins-Floors einen Mindestzinssatz und ist dementsprechend gegen sinkende Zinsen resistent. Nach Erhalt der Prämie kann es dazukommen, dass der Verkäufer dem Käufer eine Ausgleichzahlung vergüten muss, wenn der Zins unter einen bestimmten Zinsuntergrenze (Strike) fällt.[72]
Durch eine Kombination aus einem gekauften Cap und einem verkauften Floor entsteht ein sogenannter Collar. Sinn und Zweck dieser Fusion ist eine Verringerung der zu zahlenden Prämie . Beim Verkauf eines Floors kann der Käufer die zu erhaltene Prämie verwenden, um die Kosten für den Cap zu reduzieren. Allerdings ist die Partizipation des Käufers hinsichtlich

---

[71] vgl. HypoVereinsbank, (2008), Seite 38
[72] vgl. HypoVereinsbank, (2008), Seite 44

Zinssteigerungen bzw. Zinssenkungen limitiert. Der Käufer partizipiert dennoch bis zu einer bestimmten Zinsunter- bzw. -obergrenze an vielversprechenden Zinsbewegungen.[73]
Ein Sonderfall des Collars ist der Zero-Cost-Collar, worin die Zahlung einer Optionsprämie wegfällt, da die Erlöse aus dem Verkauf eines Floors deckungsgleich mit den Kosten aus dem Kauf eines Caps sind.[74]

Abbildung 12 Cap: Zinssatz liegt oberhalb des Strikes

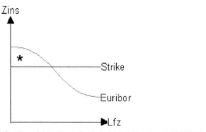

Abbildung 13 Floor: Zinssatz liegt unterhalb

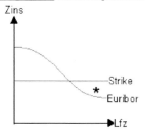

(Quelle: vgl. http://www.bankstudent.de/downloads4/bbl52.htm)

6.2.4.2 Preisbildung

Bei der Preisentwicklung eines Caps und Floors auf Zinssätzen muss man den Fokus auf mehrere Faktoren richten. Damit sind die Arten von Zinsstrukturkurven gemeint, die die Höhe des Cap- bzw. Floor-Preises stark beeinflussen können. Bei einer fallenden (inversen) Zinsstrukturkurve „liegen die Terminsätze unterhalb der Kassazinskurve."[75] Folgt man diesem Szenario, ist der Preis eines Caps sehr niedrig, der des Floors hingegen teurer. Im Falle einer normalen Zinsstrukturkurve ist es umgekehrt. Folgende Paramter sind bei der Preisfestlegung eines Caps oder Floors zu beachten:

- Laufzeit
- Basispreis (Zinsober- bzw. -untergrenze),
- Volatilität des Referenzzinssatzes

6.2.4.3 Anwendungsbereiche

Der Anwendungsbereich eines Zinscaps findet meistens bei variablen Finanzierungen statt, deren Zinsanpassungen sich besipielweise an dem 6-Monats-EURIBOR oder LIBOR orientieren. Durch den Erwerb eines Caps kann das Zinsänderungsrisiko variabel verzinslicher Finanzierungen nach oben begrenzt werden. Desweiteren besteht seitens des Käufers die Chance, Zinsersparnisse durch fallende oder niedrige Zinsätze zu verwirklichen (asymmetrisches Risikoprofil).

Beispiel einer Hedgefunktion mit einem Cap:

---

[73] vgl. Skript bank-verlag medien, Basisinformationen über Finanzderivate, Juli 2008, Seite 96
[74] vgl. Volksbank Group Treasury, Instrumente des Zins-, Währungs- und Rohstoffmanagment, Mai 2011, Seite 31
[75] vgl. Skript bank-verlag medien, Basisinformationen über Finanzderivate, Juli 2008, Seite 95

Ein Unternehmen schließt einen Vertrag in Höhe von 10 Mio. (Roll-over-Kredit) mit der Volksbank ab, bei einer Laufzeit von 5 Jahren und als Referenzinssatz orientiert man sich an dem 6-Monats-EURIBOR. Das Unternehmen beschließt anschließend künftig nie mehr als 6% an Verzinsung zu bezahlen. Um dies sicherzustellen, muss das Unternehmen ein Cap mit einem Strike-Preis von 5,00 % (seine Obergrenze von 6,00 % minus 1,00 % Marge aus dem Roll-over-Kredit) kaufen. Die Volksbank bietet für einen 5-Jahres-Cap gegen 6-Mon-EUR-R/O bei einem Strike-Preis von 5,00 % (6,00 % - 1,00 %) einen Preis von beispielsweise 125 BP. Am Ende des Vertrages ist diese Prämie fällig. Bei Zinsfälligkeit wird nun der Strike-Preis mit dem dann aktuellen EURIBOR verglichen. Anhand der folgenden Tabelle, inklusive einer Modellierung wird deutlich, dass die Anforderung des Unternehmens realisiert wurden und die Einführung der Zinsobergrenze mögliche Zinsrisiken bzw. zusätzliche Finanzierungskosten seitens des Unternehmens eliminiert hat.

Abbildung 14: *Hedge mit Cap*

EURIBOR	Strike-Preis	Unternehmen zahlt an Volksbank aus dem R/O Kredit	Volksbank zahlt an das Unternehmen	Ergebnis für das Unternehmen
4,50	5,00	5,50	-	5,50
5,00	5,00	6,00	-	6,00
5,50	5,00	6,50	0,50	6,00

(eigene Darstellung in Anlehung an Volksbank Group Treasury, Mai 2011, Seite 26)

6.2.5 Optionen

Optionen fallen in die Kategorie der bedingten Termingeschäften und besitzen wie Caps und Floors ein asymmetrisches Risikoprofil. Die Rechte und Pflichten beider Vertragspartner sind nicht similär, was erneut auf unterschiedliche Gewinn- und Verlustpotentiale hinweisen lässt. Zu erwähnen ist, dass der Käufer der Option nicht zur Ausübung verpflichtet ist.[76] Der Käufer einer Option hat nach Zahlung einer Optionsprämie das jeweilige Recht, den Basiswert zu einem im Voraus vereinbarten Preis zu kaufen (Call-Option) oder zu verkaufen (Put-Option). Der Inhaber nimmt sein Wahlrecht nur in Anspruch, wenn der Erwerb einer Option für ihn vorteilhaft erscheint. Durch die Nutzung erzielter Gewinnchancen kann er sich immun gegenüber negativer Kursentwicklungen machen.[77] Auf Seiten des Käufers kommt es zum Verlust, wenn die erwartete Kursentwicklung während der Laufzeit nicht eintrifft. Somit kann der Käufer maximal den gezahlten Optionspreis (Prämie) verlieren. Der Stillhalter dagegen verpflichtet sich gegen Empfang der Optionsprämie, den vorher festgelegten Basispreis zu liefern (Kaufoption) oder zu beziehen (Verkaufsoption).

6.2.5.1 Ausgestaltung

Optionen können an der Börse als auch außerbörslich (over the counter) gehandelt werden. Bei den OTCs können die Paramenter frei vereinbart werden, dagegen sind diese bei den börsennotierten Optionen standardisiert.
Die folgenden Ausgestaltungsmerkmale einer Option sollen anschließend erläutert werden:

---

[76] vgl. Steinbrenner, Hans: Professionelle Optionsgeschäfte, Stuttgart, 2001
[77] vgl. Beike, R./Schlütz, J.: Finanznachrichten, S. 486

- *Optionstyp[78]*
- *Basiswert (Underlying)* ➜ *Aktien, Anleihen oder diveres Terminkontrakte*
- *Basispreis (Strike)* ➜ *Preis, zu dem der Käufer den Basiswert kauft oder verkauft*
- *Optionsfrist (Lebensdauer)* ➜ *Laufzeit der Option, auch als Verfallsdatum bekannt*

6.2.5.2 Preisbildung

Die Entstehung des Optionspreises lässt sich grundsätzlich in 2 Komponenten zerlegen; den inneren Wert und den Zeitwert. Der innere Wert ergibt sich aus der Differenz aus dem gegenwärtigen Kurs des zugrundeliegenden Basiswerts und dem Basispreis. Wenn der Kurs des Basiswerts über den Basispreis liegt, dann entsteht bei einer Kaufoption (Call) ein innerer Wert. Sobald der Basispreis über dem Kurs der Basiswerts liegt, dann liegt ein innerer Wert bei einer Verkaufoption (Put) vor.

Optionspreis= innerer Wert + Zeitwert

6.2.5.3 Optionspositionen

Im Prinzip stehen einem Investor zwei Optionspositionen zur Verfügung. Er kann in einer Option „long" oder „short" sein. Nach Kauf einer Option entsteht die Longposition. Die Shortposition ergibt sich, sobald der Investor mehr Optionskontrakte verkauft als gekauft hat. Anschließend werden vielversprechende Positionen seitens des Käufers und des Verkäufers aufgelistet:

Der Käufer (Inhaber) einer Option kann:
- Die Option verfallen lassen
- Die Option ausüben oder
- Eine Option derselben Serie kaufen (Glattstellung)

Der Verkäufer (Stillhalter) einer Option kann:
- Abwarten, ob der Käufer ausübt, oder
- Eine Option derselben Serie kaufen (Glattstellung).

6.2.5.3.1 Bewertung von Optionen

Bei der Ermittlung des Optionspreises wird zusätzlich die Bewertungsmethode des Black-Scholes-Modells verwendet. Die Black-Scholes-Formel ist die mit Abstand populärste Bewertungsformel für Optionen und vertritt einen hohen Status zur Absicherung etlicher systematischer Risiken, darunter das Zinsänderungsrisiko. Fischer Black und Myron Samuel Scholes waren diejenigen, die das Black-Scholes-Modell im Jahre 1973 veröffentlichten. Demzufolge werden heutzutage bei der Bewertung europäische Call-Optionen in Betracht gezogen. Das Gegenstück stellt die amerikanische Option dar. Darin kann der Käufer ein Optionsgeschäft während der Laufzeit ausüben. Einer der Prämissen bei der Black-Scholes-Formel ist, dass Paramter wie die Volatiltität und der Zinssatz konstant bleiben. Des Weiteren werden bis zum Ende der Laufzeit keine Dividenden ausbezahlt. Änderungen des

---

[78] vgl. Kapitel 6.3.4

Optionspreises gemäß Veränderungen der „Preisdeterminaten (Risikiofaktoren)" stellen die Sensitivitätskennzahlen dar.[79]

Abbildung 15 *Sensitivitätskennzahlen:*

Parameter	Kennzahlen	Szenario
Delta	Basiswertkurs	Veränderung des Optionspreises bei einer Veränderung des Basiswertes um eine Einheit
Gamma	Delta	Veränderung des Deltas bei einer Veränderung des Basiswertes um eine Einheit
Vega	Volatilität	Bei Veränderung der Vola, entsprechende Veränderung beim Optionspreis
Rho	Risikoloser Zinssatz	Veränderung des Optionspreises bei einer Veränderung des risikolosen Zinssatzes um eine Einheit
Theta	Zeitwert	täglicher Zeitwertverlust der Option

7. Fazit

In der Gesamtheit ist das Auftauchen sämtlicher Zinsänderungsrisiken ein großes Gesprächsthema in vielen Unternehmen geworden. Der Umgang solcher Risiken bzw. die korrekte Anwendung von innovativen Derivaten kann es dem Unternehmen erleichtern, hohe Gewinne zu erzielen. Inzwischen haben wir vielversprechende Derivate kennengelernt, die zur hilfreichen Risikoprävention führen. Wie schon in einigen Punkten erläutert wurde, kann es aufgrund lang bis zu kurzfristigen Kapitalbindungen mit einer variablen Verzinsung, zu fatalen finanziellen Folgen kommen. Daher sollte man sich vor gewissen Investitionen und dementsprechenden Kreditaufnahmen mit variablen Verzinsungen und möglicher Marktrisiken im Klaren sein. Die Kosten, die durch Zinsänderungenrisiken entstehen, können der Ertragslage eines Unternehmens erheblich beeinflussen. Besonders wenn sich der Markzins gegen die Erwartung bewegt, kann dies zu unerwarteten Verlusten führen, die sich auf die wirtschaftliche Lage des Unternehmens negativ auswirkt. Daher sollte man als Investor immer vom „worst case" ausgehen, damit man sich im Bereich der Absicherungsmöglichkeiten auskennt und rasant agiert. Mit Hilfe der oben genannten Zinsinstrumenten kann man Zinsänderungsrisiken gezielt managen. Dennoch sollte man sich ein breitbandiges Wissen aneignen, da die Anwendung von diesen Werkzeugen nicht zu unterschätzen ist.

Da jährlich Aktualisierungen von innovativen Finanzinstrumenten vorgenommen werden, muss sich der Investor detailliert auskennen, damit er nicht uninformiert in die Verlustzone gerät und massenhafter systematischer Risiken ausgesetzt ist.

Grundsätzlich lässt sich sagen, dass das Managen von Zinsänderungsrisiken gezielt möglich ist, jedoch das vorzeitige Antizipieren solcher Risiken einen großen Vorteil darstellt. In Phasen hoher Zinsschwankungen auf Grund externer bzw. interner Risiken unterstützen innovative Finanzinstrumente die Bekämpfung von Zinsänderungsrisiken.

---

[79] http://www.derivatecheck.de/lexikon/S.m?begriff=Sensitivitaetskennzahl&

Interview mit einer Spezialistin, (am 25.06.2014); *Die Spezialistin wird als Frau Z. bezeichnet, die aus dem Private-Banking-Bereich stammt. Frau Z. arbeitet generell in der Vermögensanlage und beschäftigt sich mit dem Handel von Wertpapieren (u.a. Aktien) und anderer Finanzinstrumente.*

1.Welche gängigen Zinsinstrumente werden prinzipiell in der Praxis als Hedgeverfahren vor Zinsänderungsrisiken verwendet?

„Allgemein wird der Umgang mit innovativen Zinsinstrumenten bevorzugt, da man im Wertpapierbereich Kursverluste wegen eines Zinsanstiegs verhindern kann und zusätzliche systematische Risiken eindämmt. Als Beispiel stellt der Cap bei einer Baufinanzierung eine wichtige Rolle dar. Da hier eine Zinsobergrenze festgelegt wird, sind die anfallenden Zinsen nach oben begrenzt, d.h. die Belastung ist kalkulierbar."

2. Haben Sie sich schon mit Zinsänderungsrisiken in der Praxis im Unternehmen auseinandergesetzt?

„Hierzu zwei Beispiele: 1) Ein Anleger hat sein Geld in ein festverzinsliches Wertpapier angelegt, fester Zinssatz, Laufzeit fünf Jahre, bei Fälligkeit wird das angelegte Geld mit 100 % zurückbezahlt, jetzt steigt jedoch der Zinssatz und der Anleger benötigt sein Geld bereits nach zwei Jahren, dann muss er das Wertpapier zum aktuellen Kurs verkaufen, der aufgrund des Zinsanstieg gefallen ist, Kursverluste sind die Folge. 2) Der Käufer einer Immobilie nimmt ein Darlehen auf mit einer Zinsfestschreibung für zehn Jahre, er kann die monatliche Zinsrate für diesen Zeitraum fest kalkulieren. Hat er nach Ablauf der Zinsfestschreibung von zehn Jahren noch eine Restschuld und sind die Zinsen bis dahin angestiegen, steigt auch seine Zinsbelastung."

3. Gibt es noch andere Finanzinstrumente, die im heutigen Wertpapiergeschäft verwendet werden, um Zinsrisiken zu vermeiden?

„Natürlich gibt es noch zahlreiche Lösungsansätze, um Zinsrisiken zu eliminieren. Jedoch hängt dies von der jeweiligen Zinsbindung ab, da man bei einem Festzins im Vergleich zu einer variablen Verzinsung ein geringeres Zinsänderungsrisiko besitzt. Anhand einer Barriere nach unten oder mit Hilfe der klassichen Finanzinstrumenten kann man dementsprechend auch Zinsänderungsrisiken überwachen und begrenzen."

4. Können Sie eventuell einen Hinweis für risikoscheue Anleger geben, bezüglich des Zinsänderungsrisikos?

„Das ist sehr schwierig. Für einen risikoscheuen Anleger ist das ganz klassische Sparkonto bei einer Laufzeit von einem Jahr am risikoärmsten. Dennoch würde das eine Rendite im negativen Bereich bilden (durch noch anfallende Steuer und der Inflationsrate), worin das Kapital erheblich leidet. In anderen Worten, sobald er eine höhere Verzinsung/Rendite möchte, desto risikofreudiger muss der Anleger agieren. Für Kunden, die in Wertpapiere investieren möchten, führt die Bank zunächst einen Kapitalanlagecheck gemäß Wertpapierhandelgesetz durch. Hier werden die bisherigen Wertpapiererfahrungen des Kunden, sowie seine Risikobereitschaft für künftige Anlage und seine finanziellen Verhältnisse erfragt bzw. über die Risiken und Risikoklassen einer Wertpapieranlage aufgeklärt. Dieser Check ist die Grundvoraussetzung für eine Anlage in Wertpapiere.

Ich bedanke mich bei Ihnen für ihre Unterstützung und wünsche Ihnen das Beste für die Zukunft.

Literatur- und Quellenverzeichnis: Buchquellen

Beike, R./Schlütz, J.: Finanznachrichten, 5. Aufl., Schäffer-Poeschel Verlag, Stuttgart 2010

Leippe, S., Zinsmanagement in Industrieunternehmen, 1. Auflage, Steinbeis-Edition, Stuttgart 2011

Maier, K. M.: Risikomanagement im Immobilien- und Finanzwesen, 3. Aufl., Fritz Knapp Verlag GmbH, Frankfurt am Main 2007

Priermeier, T.: Finanzrisikomanagement im Unternehmen, Verlag Franz Vahlen GmbH, München 2005

Sperber H.: Wirtschaft verstehen, 4. Aufl., Schäffer-Poeschel Verlag, Stuttgart

Ernst D./ Schneider, S. und Thielen, B.: Unternehmensbewertung erstellen und verstehen, 5. Aufl., Verlag Franz Vahlen GmbH, München 2012

Bloss, Michael; Ernst, Dietmar; Häcker, Joachim; Sörensen, Daniel: Financial Engineering, Oldenbourg Wissenschaftsverlag GmbH 2010

Bloss M., Ernst D.: Derivate, Oldenbourg Wissenschaftsverlag GmbH, München 2008.

Hüppe, Matthias: HSBC Trinkaus Zertifikate und Optionsscheine: Das Standardwerk für die zeitgemäße Geldanlage, SD Service-Druck GmbH & Co.KG, 2012

Beike/Barckow: Risk-Management mit Finanzderivaten, 3. Aufl., Oldenbourg Verlag, München 2002

Steinbrenner, Hans: Professionelle Optionsgeschäfte: Moderne Bewertungsmethoden richtig verstehen, Stuttgart: Deutscher Sparkassen Verlag, 2001

Internetquellen, Skripte, PDF-Quellen:

Treasuryworld: http://www.treasuryworld.de/basiswissen/zinsaenderungsrisiko (aufgerufen am 15.05.2014)

http://www.boersennews.de/lexikon/begriff/bund-future/1175 (aufgerufen am 20.05.2012)

http://www.aktiencheck.de/lexikon/U.m?begriff=unbedingte_Termingeschaefte (aufgerufen am 20.05.2014)

http://matheguru.com/stochastik/167-standardabweichung.html (aufgerufen am 12.05.2014)

Skript BW-Bank, Basisinformationen über Vermögensanlagen in Wertpapieren, 10.aktualisierte Auflage, 10/2009

Skript bank-verlag medien, Basisinformationen über Finanzderivate, Neuausgabe by Bank-Verlag Gmbh, Juli 2008

HypoVereinsbank (2008), Zinsrisikomanagement

Finance Trainer International Ges. m.b.H. (2010), Corporate Finance Trainer

Volksbank Group Treasury, Instrumente des Zins-, Währungs- und Rohstoffmanagment, Mai 2011

Eller, R. , Professionelles Schuldenmanagement, 2.Auflage, 2008

Österreichische Nationalbank, Leitfaden zum Management des Zinsrisikos im Bankbuch, Wien 2008

BEI GRIN MACHT SICH IHR WISSEN BEZAHLT

- Wir veröffentlichen Ihre Hausarbeit, Bachelor- und Masterarbeit

- Ihr eigenes eBook und Buch - weltweit in allen wichtigen Shops

- Verdienen Sie an jedem Verkauf

Jetzt bei www.GRIN.com hochladen und kostenlos publizieren